mio's stay home

松井美緒のおいしい手仕事

写真と文　松井美緒

#mio cook

料理という
"おいしい手仕事"を大切にしたい。

　食を通して無二の幸せを感じるモノとコト。目まぐるしく過ぎていく日々の中、いつも思い出すのは祖父母と暮らしていた新潟。祖父は物作りが大好きで、常に何かを作りながら祖母がゆでる茶豆を「旨い、旨い」と食べていました。"手仕事"のぬくもりは、唯一無二の宝だと教えてくれたのは祖父母。どんな場所にいても、暮らしを手作りすること。私は食を通して、無二の幸せがいつもそばにあると感じていただけることを伝えたいと思いました。

　人生は試行錯誤の連続。毎日の食事もそうです。今日は蒸し暑いな、肌寒いな、大雪だな、春が来たな。そんなことを感じながら、家族が喜んでくれる料理を日々考えています。料理好きの母を見て育ったからか、食まわりのことが大好きな私。祖父の影響もあって、自分の生活に取り入れたいエプロンやランチョンマット、エコバッグなどをデザインし、モノ作りをしています。日本の伝統工芸を継ぐ職人さんたちが作る調理道具も大好きで、毎日使っています。わが家にとって家族同然のダイニングテーブルは、2004年、ニューヨークで買ったもの。いつも私たちと一緒にお引っ越しして、その軌跡がしみ込んでいます。

　この本では私の毎日のフードライフをご紹介しながら、手仕事のぬくもりを伝えたいと思います。予想すらしていなかったstay home。おうちから出られず、友達とも会えず、生活が一変しました。でもこれを機に始めたこともたくさんあって、わが家の食卓を豊かにしてくれました。私の日々の手仕事が、少しでも皆さまの暮らしのお役に立てることを、心から願っています。

松井美緒

contents

この本の決まりごと

● 小さじ1＝5㎖、大さじ1＝15㎖、1カップ＝200㎖です。
● 調味料は普段お使いのものを、油はオリーブ油などお好みのものをお使いください。
● 加熱時間は目安です。お使いのコンロや調理道具に合わせて加減してください。

PART 1

Sauce

万能だれで
おいしいのに簡単!

mioだれ
作り方 → p.9

mioつゆ
作り方 → p.31

1週間のごはん作りを
乗りきるために。

　2020年の春、stay homeでおうちに子どもがいる生活が1か月以上続きました。毎日3食作るのはとても大変！　そんなときにごはん作りを助けてくれたのが、便利なたれやつゆでした。これだけで味が決まり、さらに調味料をプラスすると味に変化がつく。

　わが家の冷蔵庫に必ずある「mioだれ」は、もともとは子どもの学校行事で忙しいとき、1週間のごはん作りを乗りきれるように考えたもの。これだけで、家族みんなが大好きなプルコギのたれになるよう、ちょっと甘くてにんにくの香り漂う配合にしたら、他のお料理にも大活躍しています。

　しいたけや昆布、かつおぶしのだしが凝縮された2倍濃縮タイプのめんつゆ、名づけて「mioつゆ」も便利です。手作りすると、とてもナチュラルな味わいになって、しかもつゆに使った材料はリメイクして食べつくすから、無駄がありません。もちろん忙しいときは市販のめんつゆを使うこともあります。どちらでもいいと思います。自由に、料理を楽しみましょう。

mioだれ

材料（作りやすい分量）

醤油……150mℓ
ごま油……90mℓ
酒……90mℓ
砂糖……大さじ4
にんにく（すりおろし）……2片分
塩・こしょう……各少々

作り方

1　鍋に材料をすべて入れて火にかけ、砂糖を混ぜ溶かしながら沸騰させる。
2　冷めたら、清潔な保存瓶に入れる。日持ちは冷蔵で10日。

わが家の定番、 mioだれで

わが家の冷蔵庫にいつもある、
ちょっと甘くてにんにくの香り漂う
mioだれ。そのままで、
味をプラスして、使ってみましょう。

SAUCE

白身魚のムニエル、mioだれ風味

mio だれにポン酢をプラスしたら、キレのよい味になりました。
白身魚をパリッと焼いて、たれをからませたらでき上がり！

材料（2人分）

白身魚の切り身……大2切れ
長ねぎ（せん切り）……5cm分
たれ
| mioだれ（→p.9）……大さじ5
| ポン酢……大さじ1
オリーブ油……大さじ1
塩・こしょう……各少々
小麦粉……適量

作り方

1　白身魚に塩、こしょうをふり、小麦粉を
　薄くまぶす。
2　フライパンにオリーブ油を熱し、1をこ
　んがりと焼き色がつくまで焼く@。切
　り身が厚ければ、アルミ箔をかぶせる。
3　長ねぎをのせ、混ぜ合わせたたれを加え、
　煮からめる⑥。

鶏のから揚げ、薬味ソースで

わが家定番のから揚げ。そのまま食べてもおいしいですが、
mio だれを生かした薬味たっぷりソースをかけて変化をつけても。

材料（2人分）

鶏もも肉（ぶつ切り）……250g

下味用調味料
  │ 酒・しょうゆ……各大さじ2
  │ 生姜（すりおろし）……1かけ分
  │ にんにく（すりおろし）……1片分

片栗粉……大さじ2

薬味ソース（作りやすい分量。適量使用）
  │ mioだれ（→p.9）……100mℓ
  │ 長ねぎ（みじん切り）……大さじ2
  │ 生姜（みじん切り）……小さじ½
  │ 白いりごま……大さじ1
  │ 一味唐辛子……小さじ½〜1

揚げ油……適量

作り方

1 鶏もも肉に下味用調味料をもみ込み、30分おく。片栗粉をまぶす。

2 揚げ油を180℃ぐらいに熱し、1を揚げる。こんがりと揚がったら油をきり、器に盛る。葉野菜も適宜盛る（分量外）。

3 薬味ソースの材料を混ぜ、2に添える。

ししとうの豚肉巻き

から揚げの薬味ソースにマヨネーズを混ぜるだけで、クリーミーなソースに。
さっぱりした豚肉巻きに、コクを添えます。

材料（2人分）
豚肉（しゃぶしゃぶ用）……8枚
ししとう……8個
青ねぎ（小口切り）……1本分
みょうが（せん切り）……½個分
薬味マヨネーズソース
　薬味ソース（→p.13）
　　……大さじ1½
　マヨネーズ……大さじ1
オリーブ油・酒……各適量
塩・こしょう……各適量

作り方
1　フライパンにオリーブ油を熱し、ししとうを炒め、塩、こしょうをふる。
2　鍋に湯を沸かし、酒を入れ、豚肉を1枚ずつゆでる。白くなったら水にとって冷やし、ペーパータオルで水気をふく。
3　2で1を巻き、皿に盛る。青ねぎ、みょうがをのせる。ソースの材料を混ぜて添える。

チンする鶏もも

香りづけのレモン、長ねぎと一緒に鶏もも肉をレンジでチン。
ジューシーに仕上がった鶏肉に、薬味たっぷりのたれをかけていただきます。

材料（2人分）

鶏もも肉……1枚（250g）
レモン（くし形切り）……½個分
長ねぎ（細切り）……10cm分
酒……大さじ1
たれ（作りやすい分量）
　mioだれ（→p.9）……大さじ5
　ポン酢……大さじ1
　長ねぎ（みじん切り）……10cm分
　白いりごま……大さじ1
　一味唐辛子……小さじ½
塩・こしょう……各少々

作り方

1　鶏もも肉の両面にフォークで穴を数カ所あける。ラップにのせ、両面に塩、こしょうをふる。酒をかけ、レモン、長ねぎをのせて包む。

2　電子レンジ（600W）に3分かけ、ひっくり返し、再び3分かける。

3　鶏肉を食べやすい大きさに切って、レモン、長ねぎとともに器に盛る。混ぜ合わせたたれを添え、お好みで適量かける。長ねぎの細切り（分量外）をトッピングしても。

ねぎ焼き

シンプルに焼いて甘みを出したねぎに、
柚子こしょうの爽やかな香り漂うたれをかけて。

材料（1〜2人分）

長ねぎ（5cm長さに切る）
　……1本分

たれ

│ mioだれ（→p.9）……大さじ3
│ 柚子こしょう……小さじ1

作り方

1　長ねぎの表面に切り目を入れる。
2　魚焼きグリルで網焼きするか、フライパンで焼き目がつくまで焼き、器に盛る。
3　たれを混ぜて添え、お好みで適量かける。

サーモンとアボカドのコチュジャン和え

相性のよいサーモンとアボカドを、ピリ辛風の味付けで。
ついお酒が進みそうな、濃厚な味わいです。

材料（2人分）
生サーモン（角切り）……100g
アボカド（角切り）……1個分
和えごろも
| mioだれ（→p.9）……大さじ3
| コチュジャン……小さじ1
| 白いりごま……小さじ1
| 青ねぎ（みじん切り）……10cm分
| 揚げにんにく（市販）……適量

作り方
1　和えごろもの材料を混ぜる。
2　1で生サーモン、アボカドを和える。

かんたん半熟煮卵

半熟卵をピリ辛テイストにした mio だれに漬けるだけ。
保存袋は空気を抜きながら口を閉じると、たれが少なめでもムラなく味がしみ込みます。

材料（作りやすい分量）

卵……5個

mioだれ（→p.9）……150mℓ

豆板醤……小さじ½

作り方

1 沸騰した湯に卵を入れ、5分半ゆでる。冷水にとって、殻をむく。

2 ジッパー付き保存袋にmioだれと豆板醤を入れ、軽くもんで溶かす。1を入れ、冷蔵庫で半日以上漬ける。

* お好みでご飯にのせて小ねぎの小口切りを散らし、濃厚卵かけご飯にしても！

mio's voice

卵を熱湯に入れて5分半、これで失敗なくいい状態の半熟卵が作れます。冷蔵庫から出したての卵をお湯に入れる場合は、割れることがあるので、100円ショップなどで売られている卵穴あけ器で小さな穴をあけるといいですよ。

mio's arrange

ポテトサラダにのせても！

おうちのいつものポテトサラダに、この半熟煮卵をプラスするだけでも、グッと味が変わります。トロリと溶ける卵黄がソースのようになって、ワンランク上の味わいになりますよ。

さばの煮付け

味が決まりにくい、というお悩みの多い魚の煮付け。
味のバランスがよい mio だれを使えば、ほかに調味料は必要ありません。

材料（2人分）

さばの切り身……2切れ
煮汁
　mioだれ（→p.9）……120mℓ
　水……80mℓ
　生姜（薄切り）……1かけ分
　長ねぎ（5cm長さ。白でも青でも）
　　……2切れ
　赤唐辛子……1本
塩……適量

作り方

1　さばに塩をふり、15分ほどおく。熱湯をかけ、臭み抜きをする。
2　煮汁の材料を鍋に入れて沸かし、1を入れる。
3　落とし蓋をして火を弱め、10分ほど煮る。

こんにゃくの煎り煮

お腹の掃除をしたいときのこんにゃく料理。
甘辛いたれがからんで、ローカロリーなのに食べごたえ抜群！

材料（2人分）

こんにゃく（手でちぎる）
……1枚分
にら（ざく切り）…3本分
mioだれ（→p.9）……適量
ごま油……大さじ1

作り方

1 フライパンにごま油を熱し、こんにゃく
を炒める。表面にこんがりと焼き色がつ
いたらにらを加え、さっと炒める。
2 mioだれを加え、さらに炒めて味をから
ませる。

> mio's voice
> お好みで、mioだれに豆板醤を少々
> 溶いて入れても美味。

mio だれオクラ

忙しい朝。でも、野菜をたっぷり食べて一日をスタートしたい、
そんなときパパッと作れる mio だれの野菜料理です。

材料（2人分）
オクラ……2袋（16本）
mioだれ（→p.9）……大さじ1
ごま油……大さじ1
粉山椒……適量
糸唐辛子（あれば）……少々

作り方
1 フライパンにごま油を熱し、オクラを炒める。色鮮やかになったら mio だれをかけ、さらに炒める。
2 火を止める直前に粉山椒をふって軽く混ぜ、器に盛る。糸唐辛子をのせる。

薬味たっぷり万願寺唐辛子炒め

香りのよい野菜を、mioだれがからんだ薬味でいただきます。
おつまみにも、副菜にも、白いご飯にも。

材料（1〜2人分）
万願寺唐辛子……4本
にんにく（みじん切り）……1片分
生姜（みじん切り）……5g
長ねぎ（みじん切り）……10cm分
mioだれ（→p.9）……大さじ3
塩・こしょう……各少々
ごま油……大さじ1

作り方
1　フライパンにごま油をひき、にんにく、生姜、万願寺唐辛子を入れ、塩、こしょうをふって炒める。
2　万願寺唐辛子に軽く火が入ったらmioだれをかけ、さらに炒める。仕上げに長ねぎを入れてさっと混ぜ、器に盛る。

mio's voice
mioだれ大さじ3を濃縮mioつゆ（→p.31）と水大さじ1½ずつに替え、ごま油を普通の油に替えても。左写真のように、作り方1で、薬味とひき肉を炒めてから万願寺唐辛子を入れると白いご飯のおかずに。

プルコギ

mioだれは、もともとプルコギのために考えたもの。
10日に一度は作るわが家の定番料理が、すぐに作れます。

材料（3～4人分）

牛薄切り肉……400g
玉ねぎ（5mm厚さの薄切り）……1個分
にら（5cm長さに切る）……1わ分
にんにく（薄切り）……1片分
漬けだれ
　｜mioだれ（→p.9）……150～170mℓ
　｜白すりごま……大さじ3
ごま油……適量

作り方

1　漬けだれの材料を混ぜ、牛薄切り肉、玉ねぎ、にら、にんにくをからませ、10～15分漬ける。
2　プルコギ用の鍋（または厚手の鍋）にごま油を熱し、1をたれごとのせ、ときどき混ぜながら火を通す。
＊　お好みで、きゅうり、にんじん、みょうが、パクチー、キムチなどと一緒にサンチュで巻いていただく。

mio's remake　残ったプルコギでリメイクおかず

きんぴら肉ごぼう

野菜を切ればあっという間に完成！
調味料なしで味が決まる、ボリュームたっぷりの副菜。

材料（作りやすい分量）

煮汁ごととっておいたプルコギ
　　……1カップ
ごぼう（細切り）……20cm分
にんじん（細切り）……½本分
長ねぎ（斜め切り）……10cm分
ごま油……大さじ1
白いりごま……大さじ1
一味唐辛子……小さじ½
長ねぎ（細切り。トッピング用）
　　……適量

作り方

1　フライパンにごま油を熱し、ごぼう、にんじん、長ねぎを炒める。
2　少ししんなりしたらプルコギを入れ、炒め合わせる。煮汁が足りなければmioだれを足す。仕上げに白いりごま、一味唐辛子を混ぜる。
3　器に盛り、長ねぎをトッピングする。

mioだれダッカルビ

もとはプルコギのための mio だれだから、
鶏肉で作るダッカルビでも、もちろんおいしい！

材料（2〜3人分）

鶏もも肉（1cm厚さ）……160g
キャベツ（ざく切り）……180g
玉ねぎ（薄切り）……½個分
漬けだれ
 | mioだれ（→p.9）……100ml
 | コチュジャン……小さじ2
キムチ……70g
シュレッドチーズ……150g
ごま油……大さじ1
塩・こしょう……各少々

作り方

1 漬けだれの材料を混ぜ、鶏もも肉をから
 ませ、10〜15分漬ける。
2 フライパンにごま油を熱し、玉ねぎ、キ
 ャベツを軽く炒め、塩、こしょうをする。
 1をたれごと加え、鶏肉に火が入ったら
 キムチ、チーズをのせ、とろりと溶けて
 きたら混ぜる。

肉うどん

ランチはこのひと皿で大満足！　ピリッと辛い肉そぼろが
たっぷりのった"ジャージャー麺風"のうどん。

材料（1人分）

うどん……1玉
合いびき肉……150g
にんにく（みじん切り）……1片分
生姜（みじん切り）……1かけ分
長ねぎ（みじん切り）……10cm分
合わせ調味料
　mioだれ（→p.9）……大さじ3
　マヨネーズ……大さじ1
　豆板醤……小さじ½
塩・こしょう……各少々
ごま油……小さじ1
長ねぎ・きゅうり（細切り。
　　トッピング用）……各5cm分

作り方

1　フライパンにごま油を熱し、にんにく、
　生姜を炒め、香りが立ったら合いびき肉
　を加え、塩、こしょうをふって炒める。
　合わせ調味料を加えてさらに炒め、仕上
　げに長ねぎをさっと混ぜる。

2　うどんはゆで、よく水きりする。

3　皿に2を盛り、1をのせ、トッピング用
　の長ねぎ、きゅうりをのせる。糸唐辛子
　（分量外）をのせても。

27

牛肉とごぼうの炊き込みご飯

牛肉とごぼうの旨みたっぷり、生姜もたっぷりの炊き込みご飯。
調味料は mio だれと白だしだけ。簡単に味が決まります。
お弁当やおにぎりにもぴったりです。

材料（作りやすい分量）

米……3合
牛薄切り肉（細切り）……170g
ごぼう（ささがき）……10cm分
生姜（細切り）……1かけ分
mio だれ（→p. 9）……大さじ3
白だし……大さじ2
長ねぎ（小口切り）……10cm分
油……大さじ1
トッピング
　卵・みょうが（小口切り）・
　　青じそ（せん切り）……お好みで

作り方

1　米を洗い、ざるに上げる。
2　フライパンに油を熱し、ごぼう、生姜を炒める。牛薄切り肉を加え、火が通ったら mio だれを入れて炒める 。
3　炊飯器の内釜に1、水3合、白だしを入れる。2を汁ごと入れ 、軽く混ぜてスイッチを入れる。炊き上がったら長ねぎを混ぜる 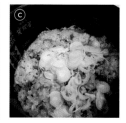。
4　茶碗に盛り、お好みでみょうが、青じそ、卵をのせていただく。

29

一年中万能のmioつゆで

便利なめんつゆは、いろいろな料理に大活躍！
これだけで味が決まるので、忙しいときのお助け役です。
以前は市販のものを使っていましたが、stay home中に
「自分でも作ってみよう！」と思い立ち、
完成したのが2倍濃縮タイプの「mioつゆ」です。
時間がないときは、無理せずに市販のものを使ってください！

＊市販の濃縮めんつゆを使う場合は、 表示にしたがって水でのばしてください。

濃縮mioつゆ

材料（作りやすい分量）

干ししいたけ……1個
昆布……6g
花かつお……30g
醤油……200mℓ
みりん……200mℓ
酒……150mℓ

作り方

1 〔前日〕ボウルに醤油、みりん、酒、干ししいたけ、昆布を入れて、冷蔵庫でひと晩おき、しいたけを中までもどす@。

2 〔翌日〕鍋に1を入れて沸かし、花かつおを加え⑥、5分ほどコトコトと煮出す。

3 こして©、冷めたら清潔な保存瓶に入れる。日持ちは冷蔵で10日。

mio's recommend
だしがらは自家製ふりかけにして"おいしく再生"

自家製ふりかけ

濃縮mioつゆをとったあとのしいたけ、昆布、かつおぶし。
まだまだ旨みが残っているこれらを使って、自家製のおいしいふりかけを作りましょう。

材料（作りやすい分量）

しいたけ、昆布、花かつお
　　（p.31で残ったもの）……全量
水……大さじ2
砂糖……大さじ1
酢……小さじ2
松の実……10g
白いりごま……小さじ1

作り方

1　昆布は細切りにし、しいたけはみじん切りにする。

2　鍋にすべての材料を入れ、弱火で半生程度に煎る@。

3　ざるにペーパータオルを敷き、2を広げて冷ます。清潔な保存瓶に入れる。日持ちは冷蔵庫で5日ほど。

mio's recommend

自家製ふりかけで、簡単朝ごはん

ふりかけスクランブル

旨みたっぷり、味のバランスもよいふりかけは、白いご飯のお供だけではありません！
ふりかけを調味料＆具にした、簡単スクランブルエッグをご紹介します。

材料（1〜2人分）

卵……2個

自家製ふりかけ（→p.32）

　……大さじ大盛り2

にんにくの芽（5㎝長さに切る）

　……2本分

油……大さじ1

作り方

1　卵を溶き混ぜ、ふりかけを混ぜる。

2　フライパンに油を熱し、にんにくの芽を炒め、火が入ったら1を流し入れ、混ぜて半熟になったらでき上がり。

mio's voice

もともと器が大好きな私。stay home を機に陶芸も始めました。このふりかけスクランブルを盛りつけたお皿、実は私の初めての作品。初公開です！

クレソン油揚げ炒め

元気なクレソンのシャキッとした歯ざわりは、ぜひ残して。
おいしいつゆを吸った油揚げと一緒にいただきましょう。

材料（1～2人分）

クレソン（半分に切る）……80g
油揚げ（細切り）……½枚分
長ねぎ（斜め薄切り）……10cm分
濃縮mioつゆ（→p.30）……大さじ1
油……大さじ1
一味唐辛子……少々

作り方

1 フライパンに油を熱し、クレソン、油揚げをさっと炒める。
2 濃縮mioつゆを加え、さらに炒め、火を止める少し前に長ねぎと一味唐辛子を加えてからませ、シャキシャキ感を残して仕上げる。

ミックスサラダ、玉ねぎドレッシングかけ

マイルドで旨みたっぷりのドレッシングは、まるでお店の味。
お好みの野菜にかけると、いくらでも食べられます。

材料（1〜2人分）

サラダほうれん草・ラディッシュ
　などの野菜……各適量
玉ねぎドレッシング（作りやすい分量）
　玉ねぎ（みじん切り）……1/8個分
　濃縮mioつゆ（→p.30）……50mℓ
　水……50mℓ
　酢・ごま油……各大さじ1/2
　白いりごま……大さじ1/2
　砂糖……小さじ1/2

作り方

1　野菜を食べやすい大きさに切り、混ぜ合わせて皿に盛る。

2　玉ねぎドレッシングの材料を混ぜて、1に添える。お好みで適量かけていただく。

mio's voice
ピリ辛味がお好みなら、豆板醤を少し加えてもおいしいですよ。

太刀魚のピリ辛煮付け

味付けは mio つゆと豆板醤だけ。
"手抜き" なのにおいしくて、料理の腕が上がったようにみえますよ。

材料（2人分）

太刀魚の切り身……2切れ
煮汁
　濃縮mioつゆ（→p.30）……150mℓ
　水……150mℓ
　長ねぎ（5cm長さ）……4切れ
　生姜（薄切り）……1かけ分
　豆板醤……小さじ½
塩……適量

作り方

1　太刀魚に塩をふり、15分ほどおく。熱湯をかけて、臭み抜きをする。
2　煮汁の材料を鍋に入れて沸かし、1を入れる。
3　落とし蓋をして火を弱め、10分ほど煮る。

あさりとにんにくの芽の炒め

あさりと mio つゆの旨みたっぷりの煮汁で、にんにくの芽に味をからませます。
煮汁はご飯にかけてもおいしい！

材料（2〜3人分）

あさり（砂抜きしたもの）……500g

にんにくの芽（5cm長さに切る）
　　……3本分

にんにく（みじん切り）
　　……1片分

生姜（みじん切り）……1かけ分

合わせ調味料

　濃縮mioつゆ（→p.30）……大さじ3

　紹興酒……大さじ1

　甜麺醤……小さじ½

ごま油……大さじ1

作り方

1　フライパンにごま油を熱し、にんにく、生姜を炒める。

2　香りが立ったらあさりを入れ、さらに炒め、殻が開き始めたらにんにくの芽を加える。

3　合わせ調味料を加え、軽くグツグツと煮て味をなじませる⒜。

豚しゃぶ

簡単なのに豪華に見える、わが家の定番鍋料理。
mio つゆを使えば、だしをとらなくてもすぐにつゆが作れます。
コトコト煮た生姜の香りとともに。

材料（2人分）

豚肉（しゃぶしゃぶ用）……200g

長ねぎ（細切り）……1本分

つゆ

> 水…1ℓ
> 濃縮mioつゆ（→p.30）……250mℓ
> 生姜（すりおろし）……½かけ分

卵……2〜4個

薬味と締め

> 青ねぎ（小口切り）・生姜（すりおろし）・
> みょうが（せん切り）など……各適量
> うどん（またはそうめん）……2人分

作り方

1 鍋につゆの材料を入れてコトコトと煮る。

2 長ねぎを入れ、豚肉をつゆにさっとくぐ
　らせる。

3 器に卵を割って、2をつけていただく。
　お好みの薬味で、自分の好みを見つけな
　がらいただく。締めに、つゆにうどんや
　そうめんを入れて食べる。

おから

体にいいけど作るのは大変でしょ？と思われがちのおからですが、
mioつゆがあれば気軽に作れますよ。

材料（作りやすい分量）

おから……120g

ごぼう（細切り）……40g

にんじん（細切り）……40g

油揚げ（細切り）……½枚分

長ねぎ（みじん切り）……10cm分

煮汁

　濃縮mioつゆ（→p.30）……大さじ2

　水……150mℓ

白いりごま……大さじ1

油……大さじ1

作り方

1 鍋に油を熱し、長ねぎを炒めて香りを立たせる。ごぼう、にんじん、油揚げを入れて炒め、にんじんが少ししんなりとしたら、おからを加えて炒め、煮汁を加える。

2 ときどき混ぜながら、グツグツと煮る。煮汁がなくなったらでき上がり。器に盛り、白いりごまをふる。

きんぴらごぼう

たくさん作って常備菜に。もう1品ほしいときや、お弁当のおかずに困ったときも、役立ちます。

材料（作りやすい分量）

ごぼう（細切り）……25cm分
にんじん（細切り）……小1本分
豚ばら肉（細切り）……150g
にんにく（みじん切り）……1片分
生姜（みじん切り）……1かけ分
合わせ調味料
　濃縮mioつゆ（→p.30）……大さじ2
　酒……大さじ1
　コチュジャン……大さじ1
　一味唐辛子……小さじ1
白いりごま……大さじ1
ごま油……大さじ2

作り方

1　フライパンにごま油を熱し、にんにく、生姜を炒める。
2　香りが立ったらごぼう、にんじんを入れて炒め、にんじんが少ししんなりしたら豚ばら肉も加え、炒め合わせる。
3　合わせ調味料、白いりごまを入れ、煮からめる。

ざるそば、温かいつゆで

シンプルなそばやうどんでも、つゆを温かくして、
つけ麺にしていただくだけで、立派な一品に。だしのよい香りも漂います。

材料（2人分）

そば（またはうどん、そうめんなど）
　……2わ
つゆ

| 濃縮mioつゆ（→p.30）……150mℓ
| 水……300mℓ
| 生しいたけ（薄切り）……3個分
| 油揚げ（短冊切り）……½枚分
長ねぎ（細切り）・三つ葉（ざく切り）・
　粉山椒……お好みで

作り方

1　小鍋につゆの材料を入れて火にかけ、沸
　騰したら弱火にし、3分ほど煮る。
2　そばをゆで、冷水にとって水気をしっか
　りときる。
3　1、2をそれぞれ器に盛り、お好みで長
　ねぎ、三つ葉などを添える。

mioつゆパスタ

ちょっと和風の、昔ながらの具だくさんパスタ。
つゆとバターの相性も、たまらなくいい！ 子どもも喜ぶ味です。

材料（2人分）

スパゲッティ（乾麺）……180g
玉ねぎ（薄切り）……160g
生しいたけ（薄切り）……3個分
合わせ調味料
　濃縮mioつゆ（→p.30）……大さじ5
　マヨネーズ……大さじ1
　柚子こしょう……小さじ½
バター……20g
塩・こしょう……各適量
オリーブ油……大さじ2
青ねぎ（小口切り）……適量

作り方

1　鍋にたっぷりの湯を沸かして塩を入れ、スパゲッティをゆでる。

2　フライパンにオリーブ油を熱し、玉ねぎ、生しいたけを炒め、塩、こしょうで味をととのえる。

3　スパゲッティの湯をきり、2に入れて炒め合わせる。合わせ調味料、バターを加え、味をからませる。器に盛り、青ねぎを散らす。

作りおき「万能オリーブディップ」で、
いつでも簡単アレンジ！

オリーブは悪玉コレステロールを減少させ、便通を促す働きがあるといわれます。
美容にも健康にもよいオリーブのディップが冷蔵庫にいつもあると、
簡単に料理の幅が広がります。パンにつけて朝食やワインのおつまみに、
焼いただけのお肉の付け合わせに。さらに、そうめんに万能オリーブをのせて、
オリーブ油と塩、黒こしょうをかけると、
いつもと違ったおしゃれなそうめんメニューになりますよ。

材料（作りやすい分量）
グリーンオリーブ（種抜き）
　……10粒
アンチョビ（フィレ）……1枚
にんにく……1片
バジルペースト（市販）
　……大さじ1
オリーブ油……大さじ1

作り方
1　グリーンオリーブ、アンチョビ、にんにくをみじん切りにする。
2　ボウルに1、バジルペースト、オリーブ油を混ぜ合わせる。清潔な保存瓶に入れる。冷蔵で保存し、3日ぐらいで食べきったほうがおいしい。

PART 2

Vegetable

元気をいただく
野菜の食卓

はじめました、家庭菜園!

　思いがけずおうちにいる時間が長くなったstay home期間。新しく始めたことのひとつが家庭菜園です。家庭菜園といっても、鉢やプランターで気軽にできる野菜作り。

　いま育てているのはミニトマト、ピーマン、パプリカ、なす、きゅうり、ゴーヤ、ほおずき、レモン。バジルや青じそ、タイム、ミントなどのハーブも青々と茂っています。パプリカは、ついこの間まではグリーンだったのに、気づくと真っ赤に色づいていました。

　何が楽しいって、太陽の光を浴びてぐんぐん、たくましく成長する野菜の姿を見ること。こちらまで元気になります。料理をしている途中で、「あ、この料理にミントをトッピングしたいな」と思ったとき、すぐに使えるのも便利です。子どもに「ちょっと摘んできて!」と頼むと、自分も料理作りに参加した気分になるようで、食事も楽しくなります。さらに摘みたての野菜やハーブの香りの素晴らしさ。セラピー効果で心も穏やかになります。

100円ショップにある"もんじゃのヘラ"を利用して、ネームプレートに。

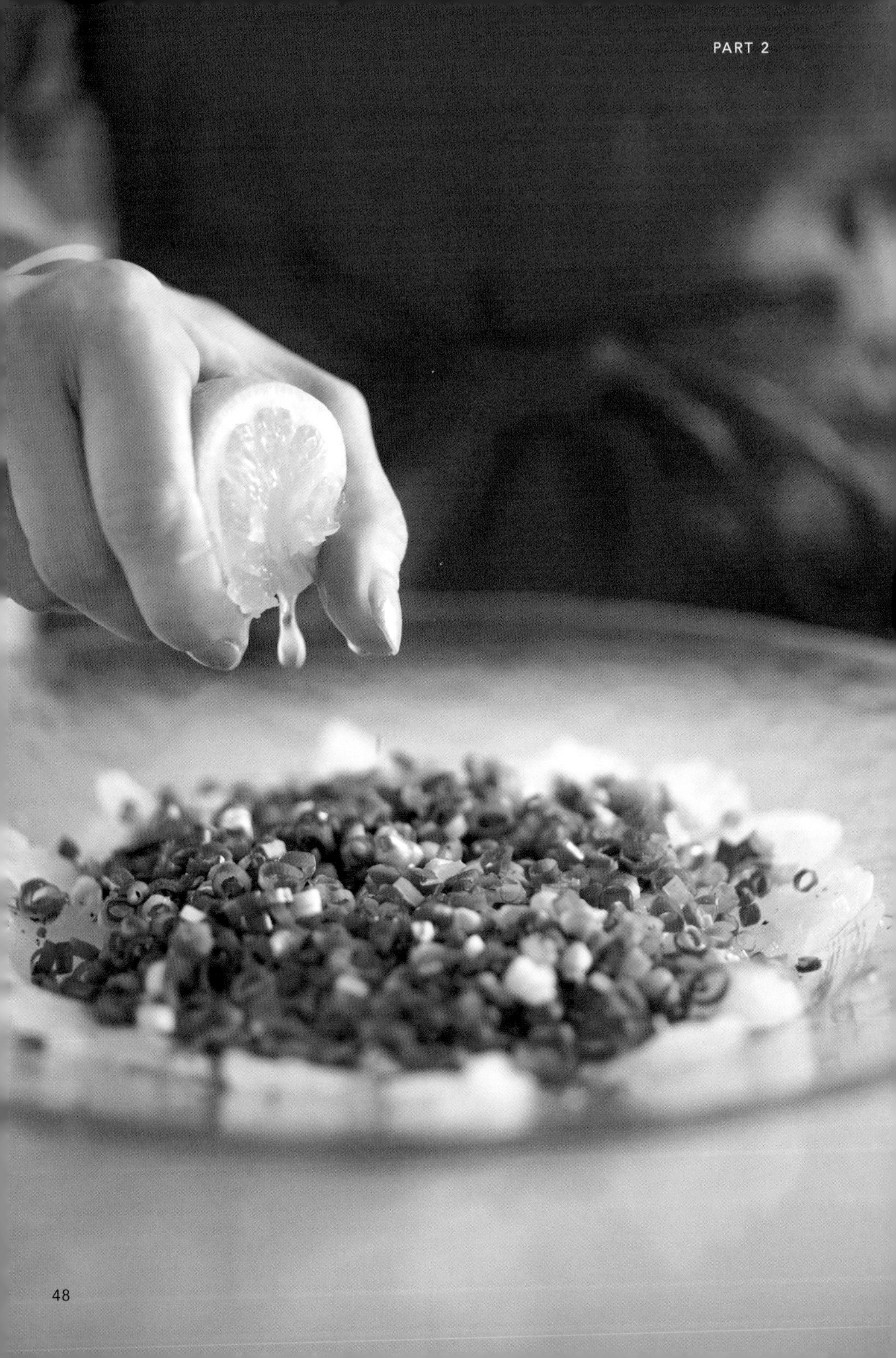

3年ほど前に小さな苗を買って、それ以来ずっと育てているレモンの木。春に実がなってだんだん大きくなり、夏はグリーンのレモンが、秋から冬にかけて熟して黄色に色づく。

白身魚のカルパッチョ、たっぷりレモンで

庭のもぎたてレモンを、食べる直前にギュッ。爽やかな香りが、部屋いっぱいに広がります。

材料（3〜4人分）

白身魚（鯛など。刺身用）……300g

青ねぎ（小口切り）

　……3〜4本分

レモン（くし形切り）

　……¼〜½個分

塩・こしょう……各適量

オリーブ油……大さじ1〜2

作り方

1　白身魚を薄切りにし、皿に盛って塩、こしょうをふる。青ねぎをたっぷりのせる。

2　食べる直前にオリーブ油をかけ、レモンを搾る。

mio's voice
わが家では「たこのカルパッチョ」も食卓によく登場します。水だこをそぎ切りにすれば、あとは「白身魚のカルパッチョ」と同じです！

じゃがいもとクレソンのサラダ

ビールと一緒に食べることをイメージして考えた、おつまみサラダ。
ホクッとしたじゃがいもを、ほろ苦いクレソンが引き締めます。

材料（2人分）

じゃがいも……2個
クレソン（半分に切る）……1/2わ分
ソース
　ゆで卵（粗く刻む）……1個分
　ドレッシング
　　玉ねぎ（みじん切り）……大さじ4
　　オリーブ油……大さじ6
　　白ワインビネガー……大さじ3
　　塩・こしょう……各適量
　　マヨネーズ……大さじ1
揚げにんにく……1片分
ケッパー（塩漬け）……大さじ1
粉チーズ……大さじ1

作り方

1　じゃがいもは皮ごと蒸す。皮をむき、半分に切る。

2　大きいボウルにソースの材料を混ぜ合わせる。

3　2に1、クレソン、残りの材料を加え、和える。そのままでもよいが、しばらくおくと味がしみ込んでおいしい。

マッシュルームとオレンジのサラダ

マッシュルームはドレッシングで和えると、少しクタッとして
きのこの香りが漂い、とてもおいしい！　オレンジの甘酸っぱさもおしゃれ。

材料（2人分）

サニーレタス（ちぎる）
　……3〜4枚分
ホワイトマッシュルーム（薄切り）
　……3〜4個分
ミニトマト（半分に切る）……2個
オレンジの果肉（食べやすく切る）
　……½個分
パクチー（食べやすく切る）
　……1株分
ドレッシング（→p.50）……適量
ポワブルローゼ……適量

作り方

1　サニーレタス、ホワイトマッシュルーム、
　ミニトマト、オレンジの果肉、パクチー
　をドレッシングで和える。
2　器に盛り、ポワブルローゼをふる。

なすときゅうりの 和えもの

わが家の家庭菜園の
もぎたて、みずみずしいなすと
きゅうりで、簡単和えもの。

材料（1〜2人分）
なす（薄い半月切り）……1個分
きゅうり（薄い輪切り）……½本分
生姜（せん切り）……½かけ分
だし（白だしなど何でも）……少々
醤油……大さじ1

作り方
1 なすは塩水（分量外）にさらし、
　 アクを抜く。水気を絞る。
2 1とその他の材料を混ぜ合わせる。

スナップえんどうの わさび和え

生わさびが残ったら作りたい
野菜だけの簡単おつまみ。
ギュッとすだちを搾るのがポイント。

材料（2人分）
スナップえんどう……100g
生わさび（細切り）……3cm分
醤油……小さじ1
塩・こしょう……各適量
すだち（くし形切り）……½〜1個分

作り方
1 スナップえんどうの筋を取り、塩
　 ゆでする。
2 1と生わさび、醤油、塩、こしょ
　 うを和え、器に盛る。すだちを搾る。

さっぱりもやしバター

レモンの酸味やナンプラーで、
タイやベトナムなどエスニック風の味わいに。
あっという間に、もやし1袋を
食べきってしまいますよ。

材料（2人分）

もやし……1袋

ベーコン（短冊切り）……3枚分

青ねぎ（またはわけぎ。小口切り）
　　……3本分

バター……10g

合わせ調味料
　レモン汁……大さじ2
　醤油……大さじ1
　ナンプラー……小さじ1
　にんにく（すりおろし）……小さじ½
　豆板醤……小さじ½

もやしバター、
mioつゆ風味

万能のmioつゆだから、もやしもグッと
おいしくしてくれます。辛いのがお好きなかたは、
豆板醤の分量を増やしてもおいしいですよ。

材料（2人分）

もやし……1袋

ベーコン（短冊切り）……3枚分

青ねぎ（またはわけぎ。小口切り）
　　……3本分

バター……10g

合わせ調味料
　濃縮mioつゆ（→p.30）……大さじ4
　豆板醤……小さじ½

作り方（共通）

1　フライパンにバターを熱し、ベーコンを炒める。もやしを入れ、さらに炒め、合わ
　　せ調味料を入れる。

2　火を止める直前に青ねぎを入れ、軽く混ぜる。

エスニック風とうもろこし

ビールのおつまみや、おやつに。とうもろこしはゆでるより
電子レンジのほうがだんぜん甘い！ 仕上げに柑橘をギュッと搾って酸味をプラスして。

材料（1本分）

とうもろこし（皮付き）……1本

バター……10g

マヨネーズ……大さじ1

チリライム＊・パルメザンチーズ（粉）

　……各適量

レモン（またはライム）……½個

＊アメリカのナチュラル系スーパー「トレーダージョーズ Trader Joe's」オリジナル調味料で、商品名。塩、チリペッパー、ライムなどをブレンド。オンラインで取り寄せ可。

作り方

1　とうもろこしは皮を半分むき、バターをところどころのせ、ラップで包む。電子レンジ（600W）に5分かける。

2　取り出してマヨネーズを塗り、オーブントースターで少し焼き目がつくまで焼く。

3　チリライムとパルメザンチーズをお好みでかけ、レモンかライムをギュッと搾る。

mio's voice
作り方2は省いてもOK！　チリライム（chile lime）はアメリカで出会った調味料。ピリ辛さとライムの酸味があいまって、お肉にも野菜にも合います。子どものおやつには、省いてください。

冷製コーンスープ

生のとうもろこしから作る冷製コーンスープは、
甘いのにさっぱりしてナチュラルな味わい。
ガラスの器に入れると目でも楽しめますよ。

材料（作りやすい分量）

とうもろこし……2本
玉ねぎ（粗みじん切り）……70g
バター……15g
水……100㎖
牛乳……350㎖
コンソメ（顆粒）……2g
生クリーム……50㎖
塩・こしょう……各適量

作り方

1 とうもろこしの実を包丁で削り取る(a)。
2 鍋にバターと玉ねぎを入れて火にかけ、軽く炒めて塩、こしょうをする。分量の水、1を加えて温める。牛乳250㎖、コンソメを加え、沸騰したら火を止め、そのまま粗熱を取る。
3 ミキサーにかけ、ざるで裏ごしする(b)。残りの牛乳、生クリームを混ぜて冷やす。

mio's voice
コーンの粒々感を楽しみたかったら、作り方3で裏ごししなくてもいいですよ。

mio's arrange
ちょっとレストラン風に仕立てて

器にブラータチーズ（＊）と生ハムを各適量盛って、上から冷製コーンスープをかけ、エクストラヴァージンオリーブ油、黒こしょうをかけて楽しむと、レストラン風に。フレッシュなコーンスープと濃厚でミルキーなブラータチーズ、塩気のある生ハムの相性が抜群です。スパークリングワインとどうぞ。
＊モッツァレッラチーズのようなフレッシュチーズ。

mottainai から食べ尽くします

冷製コーンスープでざるに残ったとうもろこしは、捨てずに料理に使います。

フライドコーン
ざるに残ったとうもろこし100gに、つなぎの薄力粉小さじ2を混ぜる。揚げ油を170℃ぐらいに熱し、生地をスプーンですくって入れ、こんがりと揚げる。とうもろこしの甘みだけで充分おいしいが、お好みで黒こしょうやトリュフパウダーなどをパラパラとかけても。

コーン風味の
スクランブルエッグ
卵2個、塩ふたつまみ、砂糖小さじ1、牛乳大さじ1、ざるに残ったとうもろこし大さじ2を混ぜる。フライパンにバター大さじ1を熱し、卵液を入れて混ぜ、スクランブルエッグにする。クレソン、トマトケチャップを添える。

手作りしそジュース

初夏から秋にかけて何度か仕込む、しそジュース。
しそは免疫力アップ、疲労回復効果、そして美容にもよいといわれます。
手作りジュースで、暑さを乗りきりましょう。

材料（作りやすい分量）

水……2ℓ

赤じそ＊1……200g

クエン酸＊2……10g

砂糖……200g

＊1　同じ分量の青じそでも作れる。いずれも、できるだけ農薬のかかっていないものを。
＊2　ホームセンターや薬局、オンラインで手に入る。

作り方

1　鍋に分量の水を沸かし、きれいに洗った赤じそを入れ ⓐ ⓑ、箸などで沈めて3分ほど煮出す。

2　赤じそを取り出し、煮汁にクエン酸、砂糖を加えて煮溶かす。赤黒かった煮汁が、鮮やかな赤色に変わる ⓒ。

3　粗熱を取り、清潔な保存瓶に入れる。日持ちは冷蔵で1か月ぐらい。

mio's voice
赤じそを使うとより赤く（右）、青じそを使うときれいなピンク色になります（左）。リンゴ酸で作ってもおいしいですが、香りのないクエン酸のほうが、しその香りを存分に楽しむことができますよ。

ランチョンマットで、自分の時間を楽しんで

朝食、ランチ、ディナー、そしてひとりでゆっくりと過ごしたいとき。
テーブルにランチョンマットを敷いて、気分を変えたい ──、
そんな思いで作ったランチョンマット。素材はエプロン（→ p.112）と同じ麻 100%、
気分によって色を変えられるよう、カラーバリエーションは 10 色。
エプロンと一緒にコーディネートを楽しんだり、
いつもの食卓を楽しくアレンジしていただけたら、と願っています。
アイロンをかけてパリッとさせても、洗いざらしのシワのままでも。
2way で楽しんでいただけますよ。

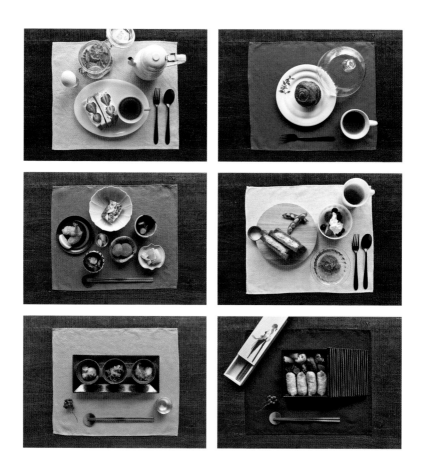

PART 3

Frozen Storage

困ったときの
便利な冷凍ストック

冷凍にも、コツがある。

　stay home中にスーパーマーケットに行ったら、なんと、お肉が売り切れ。お肉が食べたいという子どもたちのために、冷凍しておいたハンバーグのたねを解凍して、野菜と一緒に炒めました。こんなふうに困ったときや、忙しくて料理に手をかけられないとき、仕込んでおいた冷凍ストックはお母さんのお助け役。毎日お買い物に行けないときにも、重宝します。

　わが家では、子どもが大好きなミートソース、ハンバーグのたね、パングラタンのソースを中心に、一度に食べる量の2～3倍をまとめて作って、冷凍します。

　このときに大切なコツは大きく3つ。ひとつは、粗熱が取れたらジッパー付き保存袋に入れ、空気を抜きながら平らに薄くして袋の口を閉じること。次に、金属製のバットに平らに重ね、冷凍庫に入れること。この2つで、驚くほど短時間で凍らせることができます。3つ目は、凍った袋を立てて保存すること。冷凍庫のスペースを無駄にせず、また美しく収納することができます。このときも金属製のバットにのせるといいですね。

　おすすめしたいのは、袋の上側に、中身と仕込んだ日を書いたフセンを貼っておくこと。ひとめで中身が分かるから、使いやすくなりますよ。

ハンバーグのたね

シンプルに焼いたり、デミグラスソースで煮込んだりして楽しんで。
解凍して野菜と炒めると、あっという間におかずが1品作れます！

材料（8個分）

合いびき肉……600g
玉ねぎ（みじん切り）……400g
バター……30g
パン粉……大さじ8〜10
牛乳……大さじ4
A
┃ 卵……1個
┃ にんにく（すりおろし）
┃ 　……小さじ4
┃ ナツメグ……小さじ½〜1
┃ 塩・こしょう……各少々

作り方

1 フライパンにバターを熱し、玉ねぎを弱火で炒める。うっすらあめ色になったら取り出し、粗熱を取る。パン粉を牛乳に浸す。
2 ボウルに合いびき肉と1、Aを入れ、1分ほど混ぜる ⓐ。
3 8等分にし、それぞれハンバーグ状にまとめ、ラップで包む。1個は130〜140gぐらい ⓑ。
4 ジッパー付き保存袋に入れ、袋の口を閉じ、金属製のバットにのせ、冷凍する。

mio's voice
私はナツメグが好きなので、小さじ1使っていますが、苦手なかたや、ちょっと多いかな？と思うかたは、加減してください。

mio's arrange
ハンバーグのたねを使ったアレンジレシピ

ポテトグラタン

いちから作るとちょっと手間がかかるポテトグラタンも、
冷凍の肉だねがあるとすぐに作れます。便利な乾燥ポテトを使うので、驚くほど簡単！

材料（4人分）

冷凍したハンバーグのたね（→p.65）
……2個（260〜280g）
乾燥ポテト（市販）……50g
湯……20mℓ
温めた牛乳……180mℓ
シュレッドチーズ……適量
塩・こしょう……各少々
油……少々

作り方

1　ハンバーグのたねを電子レンジで解凍する。

2　フライパンに油を熱し、1を炒める。

3　ボウルに乾燥ポテトを入れ、湯を注ぎ、混ぜる。温めた牛乳を加えて混ぜ@、ペースト状にし、塩、こしょうをする。

4　耐熱皿に2を敷き、上に3を均等にのせる。シュレッドチーズを多めにのせ⑥、オーブントースターで焼く。お好みの焼き色がついたらでき上がり。

mio's recommend
乾燥ポテトが便利！

上のレシピなら、大きめのじゃがいも2個を蒸すか電子レンジで加熱して、つぶしてもおいしく作れます。でも、時間もかかるしちょっと面倒。そんなとき活躍するのが「乾燥ポテト」です。じゃがいもをフレーク状に乾燥させたもので、買いおきがあると、ほんの数分でポテトピューレが作れます。商品の表示では、お湯で溶くことになっていますが、私は少々のお湯で溶いたあと、温めた牛乳か生クリームを混ぜています。生クリームのほうがよりクリーミーになって、私好み。こうすると、まるで生のじゃがいもから作ったみたいな味わいになりますよ。

mio's arrange　ハンバーグのたねを使ったアレンジレシピ

お肉ごろごろクリームペンネ

息子が「おいしい！」と気に入ってくれた、簡単パスタ。
お肉の旨みとクリーミーなソースで、止まらないおいしさです。

材料（2人分）

冷凍したハンバーグのたね（→p.65）
　……1個（130〜140g）
ペンネ（乾麺）……160g
クリームソース
　牛乳……½カップ
　生クリーム……½カップ
　ホワイトソース（市販）……100g
　にんにく（すりおろし）
　　……小さじ1
　ブルーチーズ……5g
塩・黒こしょう……各適量

作り方

1　鍋に湯をたっぷり沸かし、塩を入れてペンネをゆでる。

2　冷凍したハンバーグのたねを電子レンジで解凍する。

3　フライパンを熱し、2を炒める。大きめのそぼろ状にほぐれたらソースの材料を加え、軽く煮る。

4　ペンネがゆで上がったら湯をきって3に加え、ソースをからませる。あればパセリ、黒こしょうをふる。

マーボー甘辛春雨

薬味たっぷり、ちょっと甘辛くてお酢もきいた、
白いご飯が進むおかず。お買い物に行けないときも、
ストックの春雨と冷蔵庫の材料で作れますね。

材料（2～3人分）

冷凍したハンバーグのたね（→p.65）
　……1個（130～140g）
春雨（乾燥）……30g
にんにく（みじん切り）……1片分
生姜（みじん切り）……1かけ分
長ねぎ（みじん切り）……10cm分
合わせ調味料
　水……70mℓ
　砂糖……大さじ3
　酢……40mℓ
　醤油……大さじ2
　豆板醤……小さじ1
片栗粉・水……各小さじ1
ごま油……大さじ1

作り方

1　冷凍したハンバーグのたねを電子レンジ
　で解凍する。
2　フライパンにごま油を熱し、にんにく、
　生姜、長ねぎを炒めて香りを立たせる。
　1を加え、パラパラになるまで炒める。
3　合わせ調味料を加え、グツグツと煮たら
　春雨を加え、煮汁をなじませながら煮る。
　煮汁が少なくなったら、水溶き片栗粉を
　回しかけ、大きく混ぜてとろみをつける。

ミートソース

ゆでたスパゲッティにかけて
パスタにするのはもちろん、煮込みなどにも便利。
冷凍で1か月持つから、ぜひたっぷり仕込んで。

材料（作りやすい分量）

合いびき肉……500g
玉ねぎ（みじん切り）……大1個分
にんじん（みじん切り）……½本分
にんにく（みじん切り）……2片分
クレイジーソルト＊……小さじ2
ナツメグ……小さじ½
煮汁
 ホールトマト（缶詰）
  ……2缶（800g）
 赤ワイン……½カップ
 コンソメスープの素（固形）
  ……1個
 バター……20g
 塩……小さじ2
 ローリエ……2枚
オリーブ油……大さじ1
塩・こしょう……各適量

＊アメリカで出会ったミックススパイス。商品名。
岩塩、こしょう、玉ねぎ、にんにく、タイムなどの
スパイス、ハーブをブレンド。これだけで味が決ま
るから、わが家の料理ではよく使う。

作り方

1 フライパンにオリーブ油、にんにくを入れて火にかけ、香りが立ったら合いびき肉を炒める。色が変わったら玉ねぎ、にんじんを加え、玉ねぎがしんなりするまで炒める⒜。

2 クレイジーソルト、ナツメグを加えて炒め合わせ、鍋に移す。煮汁の材料を加え、混ぜる⒝。沸騰したら弱火にし、約20分煮込み、塩、こしょうで味をととのえる⒞。

3 粗熱が取れたら、ジッパー付き保存袋に1カップずつ入れ、空気を抜きながら平らにして袋の口を閉じ、金属製のバットに平らにのせて冷凍する。

mio's arrange
冷凍ミートソースでアレンジレシピ

ラザニア

ひとり分が嬉しい "おつまみラザニア"。家族みんなで食べるときは、
分量を増やして、大きな器にラザニアとミートソースを層にして焼いて!

材料（1人分）

冷凍したミートソース（→p.71）
　……1カップ分
ラザニア（乾麺）……1枚
生クリーム……¼カップ
シュレッドチーズ……適量

作り方

1　冷凍したミートソースを電子レンジで解
　凍する。ラザニアはゆでて水気をきる。

2　鍋に1のミートソース、生クリームを
　入れて火にかけ、温める。

3　耐熱容器に1のラザニアを敷き、2を入
　れ、シュレッドチーズを多めにふって、
　オーブントースターで焼く。チーズが溶
　けて、お好みの焼き色がついたらでき上
　がり。

mio's arrange　冷凍ミートソースでアレンジレシピ

チリコンカルネ

ミートソースにスパイスとビーンズを混ぜるだけ。
チップスにつけてスナックとして食べたり、
チリソーセージのホットドッグにかけても。

シュレッドチーズをのせ、チップス
や、ピクルスや焼いたとうもろこし
を添えて、ビールなどのスナックに。

材料（作りやすい分量）

冷凍したミートソース（→p.71）
　　……2カップ分
スパイス
　｜　カレー粉……小さじ2
　｜　ガラムマサラ……小さじ½
　｜　クミンパウダー……小さじ½
　｜　レッドペッパー……小さじ1＊
レッドキドニービーンズ（缶詰）
　　……50g
＊お好みで量を調整する。

作り方

1　冷凍したミートソースを電子レンジで解
　凍する。
2　鍋に1、スパイス、レッドキドニービー
　ンズを入れ、混ぜながら煮込む。
＊　ホットドッグパンに切り目を入れ、レタ
　ス、焼いたチリソーセージをはさみ、チ
　リコンカルネをたっぷりかけ、チーズを
　ふると即席でホットドッグに。

エスニックカレー

材料はチリコンカルネとほとんど一緒。
ココナッツミルクが入るだけで、いきなりエスニックな味わいに！

材料（2〜3人分）

冷凍したミートソース（→p.71）
　……2カップ分
ココナッツミルク……2カップ
スパイス
| カレー粉……小さじ4
| ガラムマサラ……小さじ1
| クミンパウダー……小さじ1
| レッドペッパー……小さじ2＊
温かいご飯……2膳分
レモン（くし形切り）・パクチー
　……お好みで

＊お好みで量を調整する。

作り方

1　冷凍したミートソースを電子レンジで解凍する。
2　鍋に1、ココナッツミルク、スパイスを入れ、混ぜながら煮込んで温める。
3　2を器に盛り、別の器に温かいご飯をよそい、レモン、パクチーを添える。

松井家の食卓ルール

これは、ある日の晩ごはんの食卓です。たくさんの品数とボリュームに、
一見「こんなに食べるの!?」「特別な日なんじゃない？」と驚かれるかもしれません。
でもこれはわが家の日常。ここに毎日のごはんをラクにする方法があるのです。
わが家の食事は、銘々に盛り分けるのではなく、大皿に豪快に盛りつけて、
それぞれに食べたいものを取って食べます。
このときに大切なのは、取り箸で取ること。これが絶対的な決まりで、直箸は禁止です。

というのも、晩ごはんで食べきることを想定せず、翌日の朝ごはんやランチに食べたり、
リメイクして違うおかずを作ることを考えているからです。
取り箸で取れば、残っても"料理"のまま。保存容器に移して冷蔵庫に入れたら、
再び食べることができますね。"フードロス"が問題になっている昨今。
残さずおいしく食べきるためにも、ぜひおすすめしたい日常習慣です。

残ったおかずのリメイクレシピ
焼き魚の薬味和え

晩ごはんで残った焼き魚は、翌日、たっぷり薬味を和えて
再生させてあげましょう。白いご飯にも、お酒のおつまみにも、
そうめんの具にしても good です！

材料（1人分）

残った焼き魚……1切れ
合わせ薬味（作りやすい分量。適量）
　みょうが（みじん切り）
　　……1個分
　青じそ（せん切り）
　　……3〜4枚分
　長ねぎ（みじん切り）……½本分
　生姜（みじん切り）
　　……小1かけ分
白いりごま……適量

作り方

1　合わせ薬味の材料を水にさっとさらし、
　ペーパータオルで水気を取る。
2　焼き魚を電子レンジで温め、ほぐすか食
　べやすく切る。1の薬味適量、白いりご
　まで和える。

> **mio's voice**
> シンプルな干物の焼き魚なら、味噌
> を入れてもいいですね。なめろう風
> になります。

PART 4

Luxury time for me

自分のための
おいしい時間

ご飯が炊けるのを、
待つ楽しみ。

　リラックスしたいとき、私は目を閉じることにしています。

　視覚が遮断されると、聴覚がとても鋭敏になるのか、いつもは気づかない風の音や水の音、近所から流れるピアノの練習や子どもの泣き声が聞こえてきます。

　きっと静寂な時間は必要なのだと思います。心を穏やかにしたいとき、土釜でお米を炊くこともあります。目を閉じると火の音が聞こえ、グツグツと音が鳴り、沸騰に変わる音までが分かります。

　ご飯が炊ける音を聞いていると、純粋に時間が過ぎることを楽しく感じることができますよ。なぜなら、音を聞きながら、おいしいご飯が炊けるのをまだか、まだか、と思うから。

ときには、お米3合に、幻の古代米と呼ばれる紫黒米を大さじ1入れてご飯を炊きます。紫黒米のなかでも「紫宝」は、私の出身地・新潟県でしか栽培が許されていない珍しい品種。カルシウム、カリウム、鉄分などのミネラルや、ポリフェノール、ビタミンが豊富で、肌の潤いや髪に必要な栄養をとることができます。

mio's recommend　白いご飯のお供に

小松菜ふりかけ

野菜のビタミン、しらすのカルシウム、油揚げのたんぱく質。
体にいい食材で作る、ナチュラルなふりかけをご紹介。

材料（作りやすい分量）

A

　小松菜（細かく刻む）……120g
　しらす……40g
　油揚げ（細切り）……½枚分
　塩昆布……6g
　白いりごま……10g
合わせ調味料
　濃縮mioつゆ（→p.30）……大さじ1
　砂糖……大さじ1
油……大さじ1

作り方

1　フライパンに油を熱し、Aを入れ⑧、小
松菜のシャキシャキ感が残る程度に、軽
く炒める。合わせ調味料を入れ、さっと
からませる。

2　ざるにペーパータオルを敷き、1を広げ
て冷まし、清潔な保存瓶に入れる。日持
ちは冷蔵で3日ほど。

mio's voice
半生ソフトタイプのふ
りかけだから、混ぜご
飯やおにぎりにしても
おいしいですよ。

ぬか漬け

stay home 期間に、ぬか漬け作りに初トライ。
いまでは、ご飯のお供だけでなく、晩ごはんを作りながら、
お酒と一緒にポリポリ食べて楽しんでいます。

材料（作りやすい分量）

ぬか床＊……適量
季節の野菜……適量
塩……適量

＊鍋に水 500mℓ と塩 65g を入れて沸騰させ、塩を溶
かして冷ます。米ぬか 500g に混ぜる。

作り方

1　野菜に塩をすり込み、ぬか床に埋める@。
　蓋をして、冷蔵庫で2〜3日漬ける。ぬ
　か床は毎日1回混ぜる。

2　ぬか床から取り出して洗い、食べやすい
　大きさに切る。

mio's recommend　食べすぎた日のローカロリー麺

柿と生ハムのオリーブ和え麺

柿の甘みと生ハムの塩気がぴったりで、冷製パスタ感覚でいただけます。
飲んだあとの〆にもどうぞ。

材料（1人分）

豆腐麺（または糖質ゼロ麺）
　……1人分
柿（角切り）……½個分
生ハム（小さめに切る）……2枚分
オリーブ油……大さじ1
塩……小さじ1
黒粒こしょう……ちょっと多め
ミントの葉……15枚
ポワブルローゼ……20粒

作り方

1　豆腐麺をパックから取り出し、しっかり
　と水きりする。ペーパータオルでふいて
　もよい。

2　ボウルに1、オリーブ油、塩を入れ、黒
　粒こしょうをガリガリとひき、混ぜる。

3　柿、生ハム、ミントの葉、ポワブルロー
　ゼも混ぜ、器に盛る。仕上げに黒粒こし
　ょうをひく。

とろっとつゆの薬味麺

豆腐が麺になっているだけなのに、そうめんを食べているみたい！
水をしっかりきって、味が薄まらないようにするのがコツ。

材料（1人分）

豆腐麺（または糖質ゼロ麺）……1人分
濃縮mioつゆ（→p.30）……50ml
水……50ml
生姜（すりおろし）……小さじ1
片栗粉・水……各小さじ1
きゅうり（さいの目切り）……⅓本分
うなぎのかば焼き（さいの目切り）
　……適量
薬味
| 長ねぎ（みじん切り）……15g
| 青じそ（せん切り）……2枚分
| みょうが（せん切り）……½個分
白いりごま……小さじ1

作り方

1　鍋に濃縮mioつゆと水、生姜を入れ、グツグツと沸かす。水溶き片栗粉を加えて混ぜ、とろみをつけ、粗熱を取って冷蔵庫で冷やす。

2　豆腐麺をパックから取り出し、しっかりと水きりする。ペーパータオルでふいてもよい。

3　1と2を混ぜて器に盛り、きゅうり、うなぎ、薬味をのせ、白いりごまをかける。

mio's voice
うなぎのかば焼きは、あれば。穴子でも。食べごたえがアップします！

たこのアヒージョ

マスカットとディルのサラダ

サーモンディップ

自分つまみは、
簡単なのがいい。

　家族がいない日、家族がごはんをいらない日。正直、そんなときは
なーんにもしたくない。でも、お酒好きの私はやっぱりおつまみがほ
しくなってしまうのです。それもおしゃれで、簡単で、おいしいもの。

　1週間を元気に乗りきるためにも、ひとり飲みは大切。少しの時
間でも有意義に過ごすことができたら、自分を取り戻し、気持ちに
余裕ができると思います。

　子どもたちが大きくなって寂しいなと思うこともあるけど、ひと
り時間を楽しむことができるようになったのは、きっと自分へのご
褒美ですね。

サーモンディップ

クラッカーやパンにのせてパクッとひと口食べたら、サーモンと
濃厚なクリームチーズ、ディルの刺激がからみあってお酒が進みます。

材料（作りやすい分量）

A
  生サーモン（刺身用）……100g
  クリームチーズ……80g
  プレーンヨーグルト（無糖）
  　……50g
  白ワインビネガー・レモン汁・
  　オリーブ油……各小さじ1
  塩・こしょう……各適量
ポワブルローゼ……小さじ2
ディルの葉……2枝分

作り方

1　フードプロセッサーにAの材料を入れ、
　ペースト状にする。
2　ポワブルローゼを混ぜ、ディルをちぎっ
　てのせる。

87

たこのアヒージョ

グツグツ煮えたところを、お酒と一緒にいただきましょう！
たこは炒めすぎるとかたくなるので、炒め時間は調整して。

材料（1人分）

たこ（ひと口大に切る）……90g
グリーンオリーブ＊……5粒
アンチョビ（フィレ。刻む）＊
　……1枚分
にんにく（芯を取って薄切り）
　……1片分
ローズマリー……10cm
パン（ひと口大に切る）
　……5〜6切れ
オリーブ油……大さじ3
塩・こしょう……各少々

＊アンチョビ入りのオリーブを使うなら、アンチョビは必要なし！

作り方

1　小さいフライパン（または耐熱皿）にオリーブ油を熱し、アンチョビ、にんにく、ローズマリー、パンを入れて炒める。

2　パンに少し焼き色がついてカリカリになったら、たことグリーンオリーブを加え、さっと炒める。塩、こしょうで味をととのえる。

マスカットとディルのサラダ

疲労回復や美肌効果があるマスカットを爽やかな香りのディルと組み合わせて。
そのまま食べてもおいしいけど、今日はお酒と一緒に。

材料（1人分）

マスカット（種なし。皮も食べられる
　タイプ）……8粒
カッテージチーズ……35g
ディルの葉……適量
レモン汁……大さじ1
オリーブ油……小さじ1
塩・こしょう……各少々

作り方

1　マスカットを半分に切り、カッテージチー
　ズとディルを混ぜる。レモン汁、塩、
　こしょうで味をととのえる。
2　オリーブ油をかける。

mio's voice

甘くてジューシーなマスカットと脂
肪分が少なくて低カロリーのさっぱ
りとしたカッテージチーズ、刺激的
な香りのディルを組み合わせた、爽
やかなおつまみ。お酒は白ワインや
スパークリングが合います。

甘酒入り卵焼き

I LOVE ひとり飲み。たまには自分を労うために、簡単なおつまみとお酒を楽しみたい……、
そんなときのおつまみにどうぞ。甘酒効果で、ふんわりとやさしい甘さになりますよ。

材料（作りやすい分量）

卵（L玉）……5個

甘酒……大さじ4〜5

白だし……小さじ1

塩……少々

油……大さじ1

作り方

1 卵は箸で切るように混ぜ、甘酒、白だし、塩を加えて混ぜる。

2 フライパン（できれば四角い卵焼き器）に油を熱し、1をお玉1杯分入れ、箸で軽く混ぜて半熟に火を入れ、くるくると巻く。

3 端に寄せ、再び1をお玉1杯分入れ、巻いた卵の下にも流し、半熟になったら巻く。これをくり返す。

mio's voice

きれいな形に焼けなくても、ペーパータオルに取り出して形を整えながら巻き、そのまま粗熱が取れるまでおけば、何とかなります！ そのときに余熱で火が入るので、焼き加減は半熟でも大丈夫。白だしは萬藤さんのものを気に入って使っています。

卵黄の紹興酒漬け

卵を冷凍するだけで、こんなにきれいで真ん丸の卵黄に。
紹興酒の香り漂う漬け汁に漬けて、おもてなしにもなる一品に。

材料（作りやすい分量）

卵……5個
漬け汁
　紹興酒・醤油……各大さじ4
　砂糖……大さじ2
　赤唐辛子（小口切り）……少々
　にんにく（薄切り）……3〜4枚

作り方

1　卵を殻ごとポリ袋などに入れ、冷凍する。
2　取り出して自然解凍し、殻をむいて卵黄と卵白を分ける（卵白はスープに使う）。
3　ジッパー付き保存袋に漬け汁の材料を合わせ、2の卵黄を入れて袋の口を閉じ、冷蔵庫で半日漬ける。

mio's arrange
残った卵白は、スープに活用！

湯を沸かし、固形コンソメ2個、生姜のすりおろし少々を入れ、残った卵白5個分を少しずつ入れ、菜箸で軽く割るようにして混ぜる。5cmに切ったわけぎ5〜7本分を入れ、さっと煮たら塩、こしょうで味をととのえる。

おうち燻製の楽しみ。

　最近の楽しみは、卓上でできる"お手軽燻製"。燻製といっても本格的な保存食を作るのではありません。カセットコンロにのせて使う家庭用のコンパクトな燻製器で、桜などのチップをいぶして蓋をかぶせ、食材にスモークの香りをほんのりまとわせるだけ。ほんのり香りが漂う中、私はグラス片手にお酒を飲みながら食べています。目の前で料理ができていくライブ感が楽しめるので、お友達がいらしたときにもおすすめです。

　ここでご紹介したソーセージや明太子（右下の写真）、硬質のチーズ、ゆで卵などを燻製にすると、おいしさがグンとアップ。水分が少なめの食材が向いています。アウトドアでも、重宝しますよ！

ソーセージのスモーク

いつものソーセージが簡単にワンランク上の味に。
火が入りすぎることはないので、ゆっくり楽しんで。

材料（作りやすい分量）
ソーセージ（切り目を入れる）……適量
桜などお好みのチップ……適量

作り方
1　卓上の簡易燻製器に桜のチップを入れる。網の上にソーセージをのせ、蓋をして火にかける。
2　煙が立ち、香りがついたところで食べる。

明太子を大きめのひと口大に切って、燻製に。残ったら翌日おにぎりに使ってもおいしい！

時間がおいしくしてくれる
果物のジャム。

　いちご、いちじく、夏みかん、りんごなど、季節ごとに、果物で
ジャムを作ります。無心になって皮をむいたり、砂糖をふりかけて
「もう水分が出たかな?」と様子を見たり、手作りすると、そんな
ゆとりの大切さを感じます。

りんごジャム

朝食のパンにのせたり、赤ワインと一緒に楽しんだり。
硬質チーズを添えるのがおすすめ。

材料（作りやすい分量）

りんご……大4個（約1kg）
砂糖……400g
レモン汁……1個分
シナモンパウダー……適量

> **mio's voice**
> 圧力鍋でなく、普通の鍋でコトコト
> 煮るのもおすすめ。キッチン中にい
> い香りが漂いますよ。保存瓶に入れ
> て、手土産にしても喜ばれます。

作り方

1 りんごは皮をむいて適当な大きさに切り
分け、圧力鍋に入れる。砂糖を全体にふ
り、レモン汁をかける。30分そのまま
おき、水分を出す。

2 シナモンパウダーを加え、圧力鍋の蓋を
して火にかけ、圧がかかってから5分加
熱する。圧力が抜けたら蓋を開け、弱火
でコトコトと煮つめる。

いちじくジャム

いちじくジャムは、朝ごはんならバタ
ートーストと一緒に。夜のおつまみな
らバゲットとクリームチーズと一緒に。
黒こしょうとバルサミコ酢を少々たら
し、ディルをのせるのがおすすめ。材
料はいちじく600g、砂糖130g、レモ
ン汁大さじ2。「りんごジャム」の作
り方1と同様にし、普通の鍋で、弱
火で20〜30分コトコトと煮る。

心も体も整えてくれる
お茶の時間。

　何かと忙しくしているなかでも、お茶を飲んでひと息つく時間を大切にしています。お気に入りのカップにお茶を注いで、自分ひとりでいろいろなことを考えながら過ごします。今日は、アメリカで買ったガラスのアンティーク。光が透けてキラキラ輝いて、お茶の色もきれいに映ります。

　いま気に入って飲んでいるのが、長命草（ボタンボウフウ）という薬草の健康茶。マイルドで飲みやすく、体にスッとしみ込む感じがします。

　体によさそうな料理を作ったり食べたりすると、ちょっとホッとしますよね。お茶も同じで、この "ホッ" とする気持ちが、心や体を整えるのに大切だと思うのです。

「長命草のお茶」が生まれたのは、偶然の連続から。

　2020年2月。生まれて初めてひとり旅をしました。選んだ先は、喜界島。鹿児島本土から約380km南下した奄美大島の隣にあるこの島は、珊瑚礁が隆起してできた地質学的にも珍しい島。健康で長寿のかたがたくさん暮らしており、長寿世界一のかたも暮らしていたことで有名です。

　足を踏み入れたときに感じた母なる大地のやさしさ。人工的な手があまり加えられてなく島全体がパワースポットであると感じられる空気や風や土。そして何より島の皆さんの笑顔。私は一瞬にして島のとりこになり、3日間の滞在でしたが、計り知れないパワーをいただきました。

　珊瑚礁が散らばったミネラル豊富な大地で育ったお野菜との出会いもありました。毎日食べたいけど、東京に住む私にはできません。いま食べているものが5年、10年、30年後の体を作るのだと考えると、自分も未来へつながる何かをこつこつと始めたいと思いました。

　そこで、偶然出会った喜界島薬草農園の皆さまと一緒に、長命草のお茶を作ったのです。ブレンドせず、長命草100%。しかも茎を抜いて、葉っぱだけで作っているから、ピュアで上品な味わいに仕上がりました。

photo @kon_natsu

喜界島

喜界島

長命草のお茶で、混ぜるだけふりかけ

喜界島薬草農園のかたから、このお茶に塩やごまを混ぜるだけで
おいしいふりかけになると教えていただき、3種のふりかけを考えました。

じゃことごまの 長命草ふりかけ

材料（作りやすい分量）
長命草の茶葉
　　……ティーバッグ
　　　1袋分
じゃこ……小さじ½
白いりごま……小さじ½
粉山椒……少々
塩……少々

作り方
1　茶葉をティーバッグ
　　から取り出し、残り
　　の材料を混ぜる。

小梅の 長命草ふりかけ

材料（作りやすい分量）
長命草の茶葉
　　……ティーバッグ
　　　1袋分
カリカリ小梅……2個
白いりごま……小さじ½
柚子こしょう……少々

作り方
1　カリカリ小梅の種を
　　取り、細かく切る。
2　茶葉をティーバッグ
　　から取り出し、1と
　　残りの材料を混ぜる。

干し貝柱の 長命草ふりかけ

材料（作りやすい分量）
長命草の茶葉
　　……ティーバッグ
　　　1袋分
干し貝柱……1個（4g）
白いりごま……小さじ½
一味唐辛子……少々
塩……少々

作り方
1　干し貝柱を細かく切
　　る。
2　茶葉をティーバッグ
　　から取り出し、1と
　　残りの材料を混ぜる。

PART 5

Tools and etc,…

最後に、
食にまつわる etc.…

家族をつなぐキッチン。

　私が一日のなかでいちばん長く過ごすのが、キッチン。だからいつもきちんと整頓したいし、快適にしていたい。

　こだわりのひとつが、よく使うフライパンやプルコギ鍋を、フックに引っ掛けて、すぐに取れるようにしたこと。自分では意識していなかったけど、実家のキッチンでも同じように、鍋をフックにつり下げています。どことなく配置も、置いてある小物もわが家と似ています。

　結婚前は目玉焼きも焼けなかった私。振り返ると母が料理好きで、いつもたくさんの手料理を作っていて、みんなで「おいしいね」とモリモリ食べていました。そんな背中を見て、自然と私も料理好きになったような気がします。いま20歳の娘は、私が20歳のときと同じように家事を何もしません。でも私がそうだったように、いつか料理好きになるのだろうと思います。キッチンが家族をつなぎ、バトンを渡していくのだと、強く感じています。

左ページは実家のキッチン。コンパクトながら、掃除しやすくシンプルな作り。わが家のキッチンの象徴は、このフライパンたち。毎日使う私の相棒。

日常を豊かにしてくれる道具たち

食事の時間は、自分にとっても家族にとっても大切な時間。
その大切な時間を少しでもハッピーにしたいと思うのは、皆さまも一緒だと思います。
暮らしの中心に"食"があるからこそ、作っている自分が少しでも
豊かな気持ちになれるように、"素敵だな"と思う道具を少しずつ集めてみてはいかがですか。
料理が苦手なかたも、きっとキッチンに立つのが楽しみになりますよ。

アンティークの調味料入れは、使わ
なくてもキッチンの風景がホッコリ
やさしい雰囲気に。

木のカトラリーや調理道具

素材感のある木のカトラリーや道具があると、
キッチンまわりがホッとするようなぬくもり
ある場所に。見えるところにつるしたり、外
に出していてもオブジェのよう。散らかって
見えません。

オリジナルの箸箱・
取り箸・箸置き

わが家の食卓に欠かせない取り箸。金の月、
銀の月と名づけ、取り箸とリンクした箸置き
も。楓の木の箸箱は、大好きなイラストレー
ター、緒方環さんに描いていただいたもの。

黒﨑優さんの包丁たち

福井県越前市で打刃物を作る伝統工芸士・黒
﨑優さん。私も工房を訪れました。美しくて、
使いやすいので、三徳包丁から果物ナイフま
ですべて黒﨑さんの包丁を使っています。

真鍮の計量スプーン

料理を作るたびに使う計量スプーン。量るの
がちょっと面倒だな……、と思っても、見た
目が美しいだけで、計量するのが楽しくなり
ますね。

レモン搾り器

毎日重宝しているのが、この2つ。レモン搾
り器でフレッシュなレモンをギュッと搾ると、
体の中にビタミンCが取り込まれていくよう
です。

さまざまな素材のワイン栓

ガラスやコルク、真鍮など、いろいろなワイ
ン栓。素材が混在すると雑多な雰囲気になり
そうですが、瓶の中やガラスの器にまとめる
だけで、オブジェになります。

おいしい料理は、器と盛りつけが大切！

料理は、味はもちろんですが、視覚も重要です。
ファッションのようにコーディネートしてみてください。
盛りつけに大切な三原則は、「余白・高さ・色合い」。
たとえば、和菓子。普通はただ小皿にのせて、黒文字やフォークを添えます。
でも下の写真のようにしたら、とても立派な一品になりました。

＊ひと口サイズに切るだけで、食べ
やすくなります。お客さまのとき、
大福のように食べにくいお菓子はと
くに、ちょっとした心遣いに。

高さ
フラットな木のボードにのせること
で和菓子の高さが際立ち、立体的に。

色合い
ちょっと緑のものを飾ると、ボード
の茶色、和菓子のオレンジ色の組み
合わせで美しくなる。

余白
皿にめいっぱいに盛らず、スペース
をあけて余韻をかもし出す。

高さを出す盛りつけのコツ

おかずやパスタのように、和菓子と違って高さがない料理は、横から見て三角になるように、中心を高くして山のように盛ることで、自然と高さが出ます。こうすると皿に自然と余白も生まれて、視覚的に美しくなります。

余白を作る方法は２つ

料理を器いっぱいに盛らず、余白を作るのが基本です（写真左）。でも、私にはちょっと難しい……、というかたは、器そのものにリム（縁）があるものを使ってみて！ ひと皿の中に、自然と余白ができますよ（写真右）。

いつもの料理をグッとおしゃれに見せてくれる魔法の色。

　盛りつけに大切なのは、「余白・高さ・色合い」だとお伝えしました（→p.106）。でもちょっと苦手だな、最後の仕上げがうまくいかないな、と思っているかたは、まず黒い器に盛りつけてみてください。黒い器は料理をおいしく見せてくれる万能色。和洋折衷、どんなお料理にも相性抜群で、高級感も彩りもアップし、テーブルが華やかになりますよ。

　コンビニで買った燻製卵も、半分に切って黒い器に盛り、フレークソルトを散らしたら、星空みたいに（下写真左）。

　そしてもうひとつ、盛りつけのコツ。見た目が何だか上手に決まらない……、そんなときはお料理に合わせてねぎや青じそ、みょうが、パクチー、糸唐辛子などをトッピングしてみてください（下写真右）。鮮やかなコントラストになり、お料理がグッとおいしく見えます。

　料理は視覚がやっぱり大切。せっかく作ったお料理ですから、食べて「おいしい!!」と言ってもらえるのはもちろん、食べる前に「おいしそう！」「うわーきれい！」って声が聞こえてきたら、料理を作るのがもっと楽しくなるはず。盛りつけ方に悩んでいるかた、ぜひトライしてみてくださいね。

木の風合いを、食卓に取り入れて

木製のカッティングボードは主役にも脇役にもなれる存在で、
1枚あるだけでいつもの食卓が一気に洗練されます。
たとえば、あわただしい朝。パンにクリームチーズと作りおきしたジャムや
フルーツのシロップ漬けをのせて、カッティングボードにのせるだけでカフェの朝食風に。
一日のスタートが気分よく迎えられます。サンドイッチやピザをのせるとパーティー風に、
チーズと生ハムをのせるだけでバルのようなワインのおつまみになりますよ。

わが家で大活躍のカッティングボード。ナチュラルな木の風合いにホッとします。料理や気分に合わせて好きなものを選んで。

お猪口も活用して！

わが家の食卓では、前日に残ったおかずを翌日のランチにすることも多くあります。
そんなとき、ひと皿に美しく盛るのは難しいもの。お猪口に少しずつ盛って、
ずらりと並べたら、それだけでかわいくて happy な気分に。
お盆にのせるだけで、簡単に、おもてなし風にも見えます。
視覚的にたくさん食べた気になるので、食べすぎてしまう人にもおすすめ！
この日は、mio つゆでいただくうどん（→ p.42）と、から揚げ（→ p.12）を添えて。

旅に出ると気に入ったものを集めて
いるお猪口。お漬けものをちょっと
盛るだけでも豪華に見え、何より使
うたびに旅の記憶がよみがえります。

111

いまでは、16色のカラーバリエー
ションに。3wayで使え、男性にも
女性にも使っていただけるスタイル。

キッチンが彩り豊かになる
エプロン。

2000年に結婚してから15年間専業主婦だった私。2人の子ども
が学校生活に慣れてきた頃、自分の人生について考えるようになり
ました。

いまの自分に何ができるか、何を伝えることができるのか、毎日
料理を作り続けてきた私にとって大切な場所、食卓から発信できる
こととは何なのか――そしてエプロンを作りたいと考えました。シ
ャープなフォルム、キッチンの中にいても自分をきれいに見せてく
れるデザイン、そしてファッションとしても選びたい、そんなふう
に思っていただけるものを。

自分でデザインし、型紙を作り、布を裁断して家庭用のミシンで
縫い、アイロン掛けをし、梱包をしていました。多くのかたにご好
評をいただき、いまは茨城県にある森田屋縫製さんにお願いしてい
ます。自分が一枚一枚愛情を込めて縫っていた気持ちと同じように、
いまは工場の皆さまが縫ってくださり、本当に大切な仲間です。

素材は、使えば使うほど風合いを増すリネン。日常が楽しめるよ
うに、暮らしが彩り豊かになりますよう願いを込めて。

作り始めた当初、父と母にプレ
ゼントしたエプロン。使い込ん
でいい風合いに。実家にて。

自分ですべて作っていた頃。布
とミシン、梱包を待つ縫い上が
ったエプロンの部屋で。

113

バッグは底幅も高さも
あって、たっぷりとし
た容量。長さのあるね
ぎもすっぽり入る。内
ポケット付きで便利。

こんなエコバッグが
ほしかったから。

　お買い物の必需品といえば、エコバッグ。2020年の7月から、スーパーやコンビニのレジ袋が有料化され、皆さまも携帯していらっしゃるかと思います。私も以前から持ち歩いていましたが、自分好みのものが見つからない……、その思いからエコバッグをデザインしました。コンセプトは、シンプルで、使うのが楽しくて、私の作ったエプロンとどこかリンクするもの。そして生まれたのが、3wayで使えるこのバッグです。

　バッグと紐が別々になっていて、バッグはどんな色とも相性のよいベージュ、6色ある紐はエプロンと同じ布を使い、中に芯を入れています。気分やお洋服に合わせて紐の色を変えて楽しむことができ、長さを変えると肩掛けにも、斜め掛けにすることも。バッグは小さくたたんでコンパクトになるから、持ち歩く負担もありません。

　環境のことを考えながらも、日々の暮らしを楽しくしたい。これからの新しい日常に大切なアイテムだから、お気に入りのものを使いたいですね。

斜め掛けにしてもかわいい！
バッグの穴に紐を通してしばる
ので、長さの調整が簡単。

出かけるときに忘れないよう、
玄関に掛けておいても。

紐は、長さ150cm、幅3cmで、
ブラック、グリーン、バッグと
同じベージュなど全6色。

お友達への手土産などに、パンや手
作りジャム、庭で収穫した野菜など
を入れてお渡ししても。

手と手が笑顔をつなぐ、
新聞バッグ。

　新聞バッグとの出会いは、2016年。宮城県・松島で偶然入ったショップでした。並んでいたのを見た瞬間、「家に連れて帰りたい！」と、購入して家のリビングに飾っていました。その後、東北・みやぎ復興マラソンに参加したとき、ご縁があって新聞バッグの作り手にお会いし、作り方を教えていただくことができました。

　その作り手とは、東日本大震災で多くのものを失った被災者のかたがた。体ひとつで、内陸部の大崎市に避難していた沿岸部「海の手」の皆さまが、ひとつひとつ丁寧に新聞を折ってバッグを作り、内陸部「山の手」の皆さまが販売。手仕事で経済復興を目指すという取り組みでした。その名も「海の手山の手ネットワーク」。「失ったものは多かったけれど、"まだ手があるじゃないか"」という思いで立ち上がったそうです。

　私が教わった新聞バッグのレシピは、もとは高知県四万十町の住民株式会社「四万十ドラマ」さんが考案したもの（http://shimanto-shinbun-bag.jp/）。町のおばあちゃんたちが新聞紙をリサイクルしてエコバッグを作り、道の駅で販売したり、商品を包んでいます。それが高知から東北に伝わり、東京に住む私にも伝わりました。新聞を再生させるバッグで、少しでも多くの人と人とが関わり、たくさんの笑顔と笑顔がつながりますように。

海の手山の手ネットワーク
2011年4月20日、宮城県大崎市で震災の復興支援を目的に設立。宮城県沿岸部（海の手）と内陸部（山の手）がともに、「手作りの価値」にこだわり、「手による復興」「地元の活性化」を目指し、活動している。
よっちゃん農場のドタバタ日記
https://blog.goo.ne.jp/tougarashi3

サイズも形もいろいろ。お誕生日の新聞や、海外の旅行先で買った新聞などで作ると、それだけでよい思い出に。

mio 直伝、新聞ミニバッグの作り方

新聞バッグには、さまざまな大きさや形がありますが、
ここではビギナーでも作りやすい方法をご紹介します。

用意するもの

新聞紙
　本体用……1枚
　　（半分に折ったまま使用）
　持ち手用……¼枚を2つ
　押さえ紙用……½枚を
　　12等分したものを2つ

厚紙（7×10cm）……1枚
のり（できれば障子用）……適量
筆や小さいハケ……1本
ペットボトルの蓋……1個
園芸用の支柱や菜箸……1本
クリップ……4個

下準備

持ち手用の新聞紙を、角が手前
になるように置く。手前の角に
支柱などを横向きにのせ、くる
くると巻き、向こう側の角にの
りづけし、貼る。支柱を抜き、
のりを乾かす。乾いたら、両端
の尖った部分を切る。

\ Point /

折った部分にペットボトルの蓋
をすべらせ、しっかりと折り目
をつける。角が美しくなる。

作り方

本体用新聞紙を横長にし、バッ
グの表面にしたい絵柄を下にす
る。右端をのりづけし、貼る。

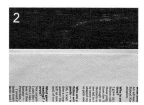

下から上に向かって、半分に折
る。このとき、上側を5mmほ
ど空けておく。

3

左側を1cmほど折って、のり
しろを作る。

4

右側から左側に2つ折りにする。
右側をのりしろにはさみ込み、
のりづけして貼る。

5

左側に厚紙を縦長に入れる。こ
の部分がバッグのマチになる。

6

左手で厚紙を立てて新聞紙を起
こし、さらに左側に倒しながら
右手で押さえて折り目をつける。

7

右手で押さえた部分に、ペット
ボトルの蓋をすべらせて折り目
をつける。もう一方のマチになる。

8

マチを両サイドとも半分に折る。
角と角をきれいに合わせ、折り
目をきちんとつける。

9

両サイドとも折った状態。バッ
グらしい形になってきた。

10

輪が向こう側になるように置く。
厚紙を横長にして手前側に重ね、
折る。ここがバッグの底部。

11

縦長に置き、底部を開く。この
ときマチの三角形の頂点が、底
の中心線にくるようにする。

12

そのまま左右に開いて折る。ペ
ットボトルの蓋で折り目をきち
んとつける。

13

横長に置く。左右の角で折る。
定規があれば、角に当てて折る
と、折り目がまっすぐに。

14

向こう側も同様にして折り目を
つけ、手前側の三角部分をのり
づけする。折り返し、貼りつける。

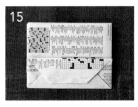

15

向こう側は三角部分と上部にの
りづけし、折り返して貼りつけ
る。底部の完成。

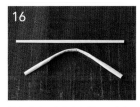

16

持ち手は、真ん中を指でつまん
でつぶし、両端は真ん中と90
度角度を変えてつぶす。

17

持ち手の両端にのりづけし、押
さえ紙に貼りつける。

18

押さえ紙全体にのりづけする。

19

バッグの内側に貼り、クリップ
で留めて乾かす。もう片手側も
同様にし、新聞バッグの完成！

松井美緒　Mio Matsui

新潟県出身。タレントとしてテレビ、CMを中心に活動。25歳で結婚し、15年ほど家庭に専念。20歳の娘、12歳の息子の母であり、夫は現・埼玉西武ライオンズ二軍監督（2020年9月現在）の松井稼頭央さん。いちばん心がけているのは、ヘルシーでhappyな大人のライフスタイル。自身がデザインしたオリジナルアイテムを「mix&mingle」ブランドで展開。仕事を持ちながら、日々家族に作る、簡単でおいしい料理アイディアにファンも多い。
http://www.miomatsui.com
⊙ mix_and_mingle

mio's stay home
毎日の食卓が楽しくなる67レシピ

松井美緒のおいしい手仕事

発行日　2020年11月5日　初版第1刷発行

著者　　　松井美緒
発行者　　秋山和輝
発行　　　株式会社世界文化社
　　　　　〒102-8187　東京都千代田区九段北4-2-29
　　　　　電話　03-3262-5118（編集部）
　　　　　　　　03-3262-5115（販売部）
印刷・製本　凸版印刷株式会社
DTP製作　株式会社明昌堂

写真／松井美緒
撮影／西山 航（世界文化ホールディングス）
ブックデザイン／三上祥子（Vaa）
ヘアメイク／室橋佑紀（ROI）
編集協力／井伊左千穂、りんひろこ
校正／株式会社円水社
編集／原田敬子